Spooky Tales for Spanish Language Learners: Bilingual Halloween Stories in Spanish and English

Coledown Bilingual Books

Published by Coledown Bilingual Books, 2023.

SPOOKY TALES FOR SPANISH LANGUAGE LEARNERS: BILINGUAL HALLOWEEN STORIES IN SPANISH AND ENGLISH

First edition. October 25, 2023.

ISBN: 979-8223534884

Written by Coledown Bilingual Books.

Table of Contents

La Aventura de Halloween de Mateo y Sofía

Había una vez en un tranquilo pueblo llamado Dulcevillia, dos amigos inseparables, Mateo y Sofía. Les encantaba la época de Halloween. Desde principios de octubre, comenzaban a planificar sus disfraces y a decorar sus casas con calabazas y espantapájaros. Halloween era su época favorita del año.

Un día, mientras paseaban por el bosque que rodeaba el pueblo, encontraron una puerta misteriosa. La puerta tenía un letrero que decía: "El Mundo Mágico de Halloween". Mateo y Sofía, llenos de emoción, la abrieron y entraron.

De repente, se encontraron en un lugar asombroso. Había luces parpadeantes, murciélagos volando y árboles con hojas doradas que crujían bajo sus pies. Se dieron cuenta de que habían entrado en el mundo mágico de Halloween.

Los niños comenzaron a explorar el mundo mágico y se encontraron con criaturas misteriosas, como brujas, fantasmas amigables y esqueletos que bailaban. Todos les dieron la bienvenida y les explicaron las tradiciones de Halloween en su mundo.

Mateo y Sofía aprendieron a hacer calabazas talladas y a preparar deliciosos caramelos de Halloween con la ayuda de las brujas. Después, se unieron a una fiesta de baile de esqueletos y se divirtieron muchísimo.

Pero pronto, se dieron cuenta de que era hora de regresar a su propio mundo. Se despidieron de sus nuevos amigos mágicos y cruzaron la puerta de nuevo.

Al volver a Dulcevillia, Mateo y Sofía compartieron sus emocionantes aventuras con su familia y amigos. Juntos, disfrutaron de la celebración de Halloween como nunca antes.

Desde ese día, Mateo y Sofía supieron que Halloween no solo se trataba de disfraces y caramelos, sino también de la magia de la amistad y la diversión. Cada año, esperaban ansiosos el regreso de Halloween y las aventuras que les esperaban en el mundo mágico.

Y así, la historia de Mateo y Sofía se convirtió en una leyenda en Dulcevillia, recordándoles a todos que Halloween es una época de diversión, amistad y magia.

Mateo and Sofia's Halloween Adventure

Once upon a time in a peaceful village called Sweetville, there were two inseparable friends, Mateo and Sofia. They absolutely loved the Halloween season. Starting early in October, they would begin planning their costumes and decorating their houses with pumpkins and scarecrows. Halloween was their favorite time of the year.

One day, while strolling through the forest that surrounded their village, they stumbled upon a mysterious door. The door had a sign that read: "The Magical World of Halloween." Mateo and Sofia, filled with excitement, opened it and stepped inside.

Suddenly, they found themselves in an astonishing place. There were twinkling lights, bats flying around, and trees with golden leaves that crunched beneath their feet. They realized that they had entered the magical world of Halloween.

The children began to explore the magical world and encountered mysterious creatures, such as friendly witches, ghosts, and dancing skeletons. Everyone welcomed them and explained the Halloween traditions in their world.

Mateo and Sofia learned how to carve pumpkins and make delicious Halloween candies with the help of the witches. Later, they joined a skeleton dance party and had a blast.

But soon, they realized it was time to return to their own world. They bid farewell to their new magical friends and crossed the door once more.

Back in Sweetville, Mateo and Sofia shared their exciting adventures with their family and friends. Together, they enjoyed the Halloween celebration like never before.

From that day on, Mateo and Sofia knew that Halloween was not just about costumes and candies, but also about the magic of friendship and fun. Each year, they eagerly awaited the return of Halloween and the adventures that awaited them in the magical world.

And so, Mateo and Sofia's story became a legend in Sweetville, reminding everyone that Halloween is a time of enjoyment, friendship, and magic.

El Misterio de la Casa Encantada

Hace muchos años, en un pequeño pueblo llamado Callejón Oscuro, la leyenda de la Casa Encantada era la historia que todos contaban en Halloween. La casa en cuestión se alzaba al final de una calle solitaria y siempre estaba cubierta por una espesa niebla que parecía salir de la nada.

Los niños del pueblo, en sus disfraces espeluznantes, solían acercarse a la casa con cautela y contar historias aterradoras sobre fantasmas y monstruos que habitaban en su interior. Pero nadie se atrevía a entrar en la Casa Encantada, al menos hasta ese Halloween en particular.

Había un grupo de amigos valientes en el pueblo: Marta, Carlos, Ana y Luis. Esa noche, decidieron que era hora de desentrañar el misterio de la Casa Encantada. Con linternas en mano, se acercaron a la casa con un plan. Marta, la más valiente del grupo, se ofreció a tocar la puerta mientras los demás la esperaban afuera.

Con manos temblorosas, Marta golpeó la puerta de la Casa Encantada. Un escalofrío recorrió su espalda mientras esperaba una respuesta. Pasaron unos momentos que parecieron eternos, y finalmente, la puerta se abrió lentamente. Al otro lado, había un hombre mayor con una expresión cansada en su rostro.

El hombre se llamaba Don Manuel y vivía solo en la Casa Encantada desde hacía muchos años. Explicó que la razón por la que la casa tenía esa reputación se debía a que le gustaba la tranquilidad y la privacidad, por lo que mantenía a los intrusos alejados asustándolos. Les invitó a entrar y les contó su historia.

Don Manuel les relató que había sido un científico, un hombre apasionado por la investigación de lo desconocido. En su juventud, había realizado experimentos extraños en su casa que habían dado lugar a extraños fenómenos, como luces parpadeantes y ruidos inquietantes. La gente del pueblo comenzó a hablar y pronto se formó la leyenda de la Casa Encantada.

Los amigos escucharon fascinados mientras Don Manuel compartía sus historias de experimentos científicos. Les mostró su laboratorio, lleno de equipos y objetos extraños que había coleccionado a lo largo de los años. La Casa Encantada resultó no ser un lugar de terror, sino un lugar lleno de conocimiento y maravillas científicas.

Marta, Carlos, Ana y Luis quedaron sorprendidos y agradecidos de haber tenido la oportunidad de conocer a Don Manuel. Decidieron ayudarle a cambiar la reputación de la casa en el pueblo. Juntos, organizaron una fiesta de Halloween en la Casa Encantada y la abrieron al público.

El evento fue un gran éxito. Los vecinos del pueblo disfrutaron de las actividades científicas que Don Manuel les mostró. Hubo experimentos de química, telescopios para observar las estrellas y un montón de datos interesantes sobre el mundo natural.

La Casa Encantada, que solía inspirar miedo, se convirtió en un lugar de aprendizaje y asombro. Los niños del pueblo ya no la evitaban, sino que la visitaban para aprender sobre la ciencia y la exploración. Don Manuel se sintió satisfecho por haber compartido su pasión con la comunidad.

Así, la Casa Encantada dejó de ser un lugar de misterio y se convirtió en un centro de conocimiento y diversión. Los amigos descubrieron que la verdadera magia de Halloween no estaba en asustar a los demás, sino en compartir el conocimiento y la amistad.

La leyenda de la Casa Encantada de Callejón Oscuro cambió para siempre, y el pueblo comenzó a verla como un lugar especial donde los secretos de la ciencia se revelaban. Fue una lección inolvidable para Marta, Carlos, Ana y Luis sobre la importancia de enfrentar sus miedos y abrir sus mentes a nuevas experiencias.

Desde entonces, en cada Halloween, la Casa Encantada de Callejón Oscuro se llenaba de risas y asombro mientras niños y adultos exploraban el fascinante mundo de la ciencia y la aventura. La magia de Halloween, como descubrieron esos valientes amigos, reside en descubrir la belleza y la maravilla detrás de lo que a simple vista parece aterrador.

The Mystery of the Haunted House

Many years ago, in a small town named Dark Alley, the legend of the Haunted House was the story everyone told on Halloween. The house in question stood at the end of a lonely street and was always shrouded in thick fog that seemed to come out of nowhere.

The children of the town, in their spooky costumes, used to approach the house cautiously and tell terrifying stories about ghosts and monsters that dwelled inside. But no one dared to enter the Haunted House, at least until that particular Halloween.

There was a group of brave friends in the town: Marta, Carlos, Ana, and Luis. That night, they decided it was time to unravel the mystery of the Haunted House. With flashlights in hand, they approached the house with a plan. Marta, the bravest of the group, volunteered to knock on the door while the others waited outside.

With trembling hands, Marta knocked on the door of the Haunted House. A shiver ran down her spine as she waited for a response. Some moments passed that felt like an eternity, and finally, the door opened slowly. On the other side, there was an elderly man with a tired expression on his face.

The man's name was Don Manuel, and he had lived alone in the Haunted House for many years. He explained that the reason the house had such a reputation was because he liked peace and privacy, so he kept intruders at bay by scaring them away. He invited them inside and told them his story.

Don Manuel recounted that he had been a scientist, a man passionate about exploring the unknown. In his youth, he had conducted strange experiments in his house that had led to bizarre phenomena like flickering lights and eerie noises. The townspeople started talking, and soon the legend of the Haunted House was born.

The friends listened in fascination as Don Manuel shared his stories of scientific experiments. He showed them his laboratory, filled with equipment and strange objects he had collected over the years. The Haunted House turned out not to be a place of terror but a place full of knowledge and scientific wonders.

Marta, Carlos, Ana, and Luis were amazed and grateful to have had the opportunity to meet Don Manuel. They decided to help him change the house's reputation in the town. Together, they organized a Halloween party at the Haunted House and opened it to the public.

The event was a great success. The townspeople enjoyed the scientific activities that Don Manuel showed them. There were chemistry experiments, telescopes to observe the stars, and a lot of fascinating information about the natural world.

The Haunted House, once a source of fear, became a place of learning and wonder. The children of the town no longer avoided it but visited it to learn about science and exploration.

Don Manuel felt satisfied for having shared his passion with the community.

Thus, the Haunted House ceased to be a place of mystery and became a center of knowledge and fun. The friends discovered that the true magic of Halloween was not in scaring others but in sharing knowledge and friendship.

The legend of the Haunted House in Dark Alley changed forever, and the town began to see it as a special place where the secrets of science were revealed. It was an unforgettable lesson for Marta, Carlos, Ana, and Luis about the importance of facing their fears and opening their minds to new experiences.

Since then, every Halloween, the Haunted House of Dark Alley was filled with laughter and amazement as children and adults explored the fascinating world of science and adventure. The magic of Halloween, as those brave friends discovered, lies in uncovering the beauty and wonder behind what initially appears terrifying.

El Secreto del Bosque de las Sombras

Había un lugar que siempre intrigaba a los niños del pequeño pueblo de Sombravilla: el Bosque de las Sombras. Durante el año, el bosque era un lugar tranquilo y apacible, pero en Halloween, adquiría una fama temible. La leyenda decía que criaturas aterradoras y espíritus malignos lo habitaban. Sin embargo, había un grupo de amigos que se atrevía a explorar el bosque en la noche de Halloween: Valeria, Diego, Sofía y Daniel.

Valeria era conocida en el pueblo por su valentía y espíritu aventurero. Diego, su mejor amigo, nunca la dejaba ir sola a ninguna parte. Sofía y Daniel, hermanos gemelos, se unieron a la expedición por pura emoción y curiosidad.

Esa noche de Halloween, los cuatro amigos se reunieron en la casa de Valeria para planear su aventura en el Bosque de las Sombras. Vestidos con disfraces creativos y provistos de linternas y una bolsa llena de golosinas, se dirigieron al oscuro bosque.

Las ramas de los árboles se entrelazaban sobre sus cabezas mientras avanzaban. El crujido de las hojas secas bajo sus pies y el ulular del viento creaban una atmósfera inquietante. Pronto, llegaron al corazón del bosque, donde la oscuridad era más profunda y el silencio más abrumador.

Valeria, con su linterna en mano, guiaba al grupo mientras exploraban. Se adentraron más y más en el bosque, pasando por viejos árboles retorcidos y rocas cubiertas de musgo. El aire se volvía más frío a medida que avanzaban.

De repente, un ruido susurrante llenó el aire. Los cuatro amigos se detuvieron, mirándose nerviosamente. El sonido provenía de una dirección que los asustó aún más: el antiguo pozo del bosque, un lugar del que habían oído muchas historias espeluznantes.

Decidieron acercarse al pozo con cautela. Cuando iluminaron su interior con las linternas, se encontraron con algo sorprendente: un gato negro que maullaba lastimeramente desde el fondo del pozo.

Valeria, amante de los animales, no dudó en ayudar al gato. Con mucho cuidado, bajó por una escalera de cuerda que encontraron cerca y rescató al minino. El gato, agradecido, comenzó a ronronear y se acomodó en brazos de Valeria.

Este evento inesperado cambió por completo el rumbo de su expedición. Con el gato como compañía, los amigos continuaron explorando el bosque, aunque ahora con un nuevo miembro en su grupo. Bautizaron al gato como "Noche", en honor a la noche de Halloween.

Mientras avanzaban, descubrieron ruinas antiguas y extrañas marcas en los árboles que no parecían naturales. Sofía, la más observadora del grupo, tomó nota de estas señales, preguntándose sobre su significado. Parecían indicar un antiguo camino o un secreto oculto.

A medida que la noche avanzaba, la luna llena se elevaba en el cielo, arrojando una luz plateada sobre el bosque. Los amigos se detuvieron a descansar en un claro y compartieron las golosinas que habían traído. Noche, el gato, parecía disfrutar de la compañía y se acurrucó en el regazo de Valeria.

Diego, conocido por su espíritu aventurero, sugirió seguir las extrañas marcas en los árboles para ver a dónde los llevarían. Todos estuvieron de acuerdo y continuaron su exploración siguiendo el rastro.

Finalmente, llegaron a una enorme roca cubierta de musgo con una inscripción en un lenguaje antiguo. Ninguno de ellos entendía lo que decía, pero las extrañas marcas en los árboles parecían apuntar hacia la roca.

Valeria recordó haber leído en la biblioteca del pueblo sobre una antigua leyenda que hablaba de un tesoro escondido en el Bosque de las Sombras. Decía que solo aquellos que fueran lo suficientemente valientes para adentrarse en el bosque en Halloween podrían descubrirlo.

Animados por la idea de encontrar un tesoro, los amigos comenzaron a buscar alrededor de la roca. Noche, el gato, se unió a la búsqueda, husmeando y maullando. Después de un rato de inspección minuciosa, Daniel hizo un descubrimiento sorprendente: una puerta oculta en la base de la roca.

La puerta estaba cubierta de enredaderas y parecía llevar a algún tipo de pasadizo subterráneo. Con mucha emoción y una mezcla de miedo y curiosidad, decidieron abrirla. Valeria, con su linterna, iluminó el oscuro pasadizo, y uno por uno, comenzaron a adentrarse en él.

El pasadizo los condujo a un mundo completamente distinto. Se encontraron en un lugar asombroso lleno de luces centelleantes, colores brillantes y extrañas criaturas que nunca habían visto. Era un lugar mágico y encantado.

Las criaturas, que resultaron ser amigables, les explicaron que habían encontrado el antiguo pasadizo y lo habían convertido en su hogar. Ellos también buscaban el tesoro, pero no habían tenido éxito. Se ofrecieron a ayudar a los amigos a encontrarlo.

A lo largo de su viaje en este mundo mágico, los amigos se enfrentaron a desafíos y acertijos que pusieron a prueba su valentía e ingenio. Con la ayuda de las criaturas mágicas y Noche, el gato, resolvieron los enigmas uno por uno.

Finalmente, llegaron a una gran cámara subterránea donde encontraron el tesoro que habían estado buscando. Era una colección de gemas preciosas, tesoros antiguos y libros llenos de conocimiento. Habían encontrado el Tesoro del Bosque de las Sombras.

Los amigos, llenos de asombro y gratitud, decidieron compartir su descubrimiento con las criaturas mágicas y prometieron visitarlos nuevamente en Halloween. Noche, el gato, también se despidió de sus nuevos amigos mágicos y eligió quedarse en el mundo encantado.

De vuelta en el Bosque de las Sombras, Valeria, Diego, Sofía y Daniel se dieron cuenta de que habían vivido una noche mágica que superó sus expectativas más salvajes. Con el Tesoro del Bosque de las Sombras en sus manos y la compañía de Noche, regresaron a Sombravilla como héroes.

A medida que compartieron su increíble aventura con los demás en el pueblo, la reputación del Bosque de las Sombras cambió. Pasó de ser un lugar temido a un lugar de misterio y maravilla, y todos esperaban con ansias explorarlo en Halloween.

La lección que Valeria, Diego, Sofía y Daniel aprendieron aquella noche fue que, a veces, los lugares que parecen aterradores pueden esconder tesoros y secretos sorprendentes. La magia de Halloween, como descubrieron, reside en la valentía de explorar lo desconocido y la alegría de compartir aventuras con amigos.

The Secret of the Shadow Forest

There was a place that always intrigued the children of the small town of Shadowville: the Shadow Forest. During the year, the forest was a quiet and peaceful place, but on Halloween, it gained a fearsome reputation. Legend had it that terrifying creatures and evil spirits inhabited it. However, there was a group of friends who dared to explore the forest on Halloween: Valeria, Diego, Sofia, and Daniel.

Valeria was known in the town for her bravery and adventurous spirit. Diego, her best friend, never let her go anywhere alone. Sofia and Daniel, twin siblings, joined the expedition out of pure excitement and curiosity.

On that Halloween night, the four friends gathered at Valeria's house to plan their adventure in the Shadow Forest. Dressed in creative costumes and equipped with flashlights and a bag full of treats, they headed into the dark forest.

The branches of the trees intertwined over their heads as they advanced. The rustling of dry leaves under their feet and the howling of the wind created an eerie atmosphere. Soon, they reached the heart of the forest, where the darkness was deeper and the silence more overwhelming.

Valeria, with her flashlight in hand, led the group as they explored. They went deeper and deeper into the forest, passing by old twisted trees and rocks covered in moss. The air grew colder as they progressed.

Suddenly, a whispering sound filled the air. The four friends stopped, looking at each other nervously. The sound came from a direction that made them even more afraid: the ancient well in the forest, a place they had heard many spooky stories about.

They decided to approach the well cautiously. When they illuminated its interior with their flashlights, they found something surprising: a black cat that was meowing pitifully from the bottom of the well.

Valeria, an animal lover, didn't hesitate to help the cat. Carefully, she climbed down a rope ladder they found nearby and rescued the feline. The cat, grateful, began to purr and snuggled into Valeria's arms.

This unexpected event completely changed the course of their expedition. With the cat as their companion, the friends continued to explore the forest, although now with a new member in their group. They named the cat "Noche," in honor of Halloween night.

While they advanced, they discovered ancient ruins and strange markings on the trees that didn't seem natural. Sofia, the most observant of the group, took note of these signs, wondering about their meaning. They seemed to indicate an ancient path or a hidden secret.

As the night went on, the full moon rose in the sky, casting a silvery light over the forest. The friends stopped to rest in a clearing and shared the treats they had brought. Noche, the cat, seemed to enjoy the company and curled up in Valeria's lap.

Diego, known for his adventurous spirit, suggested following the strange tree markings to see where they would lead. They all agreed and continued their exploration, following the trail.

Finally, they arrived at a huge moss-covered rock with an inscription in an ancient language. None of them understood what it said, but the strange markings on the trees seemed to point to the rock.

Valeria remembered reading in the town library about an ancient legend that spoke of a hidden treasure in the Shadow Forest. It said that only those brave enough to venture into the forest on Halloween could discover it.

Encouraged by the idea of finding a treasure, the friends started searching around the rock. Noche, the cat, joined in the search, sniffing and meowing. After a while of careful inspection, Daniel made a surprising discovery: a hidden door at the base of the rock.

The door was covered in vines and appeared to lead to some kind of underground passageway. With a lot of excitement and a mixture of fear and curiosity, they decided to open it. Valeria, with her flashlight, illuminated the dark passageway, and one by one, they began to enter it.

The passageway led them to a completely different world. They found themselves in an amazing place filled with twinkling lights, bright colors, and strange creatures they had never seen before. It was a magical and enchanted place.

The creatures, who turned out to be friendly, explained that they had found the ancient passageway and had made it their home. They, too, were searching for the treasure but had not been successful. They offered to help the friends find it.

Throughout their journey in this magical world, the friends faced challenges and riddles that tested their courage and wit. With the help of the magical creatures and Noche, the cat, they solved the puzzles one by one.

Finally, they reached a large underground chamber where they found the treasure they had been seeking. It was a collection of precious gems, ancient treasures, and books filled with knowledge. They had found the Treasure of the Shadow Forest.

The friends, full of wonder and gratitude, decided to share their discovery with the magical creatures and promised to visit them again on Halloween. Noche, the cat, also said goodbye to its new magical friends and chose to stay in the enchanted world.

Back in the Shadow Forest, Valeria, Diego, Sofia, and Daniel realized that they had lived a magical night that exceeded their wildest expectations. With the Treasure of the Shadow Forest in their hands and the company of Noche, they returned to Shadowville as heroes.

As they shared their incredible adventure with others in the town, the reputation of the Shadow Forest changed. It went from being a place to be feared to a place of mystery and wonder, and everyone looked forward to exploring it on Halloween.

The lesson that Valeria, Diego, Sofia, and Daniel learned that night was that sometimes places that seem terrifying can hide surprising treasures and secrets. The magic of Halloween, as they discovered, lies in the courage to explore the unknown and the joy of sharing adventures with friends.

El Misterio de la Noche de las Calabazas

Había una pequeña ciudad llamada Villaventura, que se encontraba en las faldas de una gran colina. El otoño había llegado y, con él, se acercaba Halloween, la noche más mágica y misteriosa del año. Villaventura siempre celebraba Halloween de una manera especial, con desfiles de disfraces, hogueras y, por supuesto, las calabazas iluminadas que adornaban cada rincón del pueblo.

En el corazón de la ciudad, vivía una niña llamada Laura. A Laura le encantaba Halloween, y le emocionaba la idea de tallar calabazas con su familia. La tradición familiar consistía en tallar la calabaza más asombrosa y creativa que pudieran imaginar. Pero este año sería diferente, porque Laura había decidido que quería encontrar una calabaza mágica.

Según la leyenda de Villaventura, en lo más profundo del bosque que rodeaba el pueblo, existía una Calabaza Mágica que, cuando era tallada en la noche de Halloween, concedía deseos. Se decía que solo aparecía una vez cada cien años, y la última vez que alguien la había visto había sido mucho tiempo atrás.

Laura, con una linterna en mano y decidida a encontrar la Calabaza Mágica, se aventuró en el bosque la tarde de Halloween. Sabía que era una tarea difícil, pero no podía resistir la tentación de intentarlo. Caminó por el espeso bosque, esquivando las ramas y las hojas caídas.

A medida que avanzaba, la oscuridad del bosque se hacía más densa, y los sonidos de la noche comenzaban a llenar el aire: el ulular de un búho, el crujir de las hojas y el susurro del viento. Laura se mantenía enfocada en su misión, su corazón latiendo con emoción y un poco de ansiedad.

Después de un rato de búsqueda infructuosa, Laura se sintió desanimada y se sentó en una roca a descansar. Miró al cielo estrellado y suspiró. En ese momento, notó algo brillante en la distancia. Se levantó emocionada y siguió el destello hasta que se encontró con una pequeña calabaza dorada que parecía iluminar la noche.

Laura sabía que había encontrado algo especial. Tomó la calabaza dorada y decidió llevarla de regreso a su casa para tallarla. Estaba segura de que esta era la Calabaza Mágica que había estado buscando.

De vuelta en su hogar, Laura comenzó a tallar la calabaza dorada con gran cuidado. Mientras trabajaba, notó que la pulpa de la calabaza parecía brillar de una manera inusual. A medida que avanzaba en su talla, la calabaza adquiría formas y detalles sorprendentes.

Cuando finalmente terminó, se encontró con una obra maestra tallada en la forma de un rostro sonriente, con ojos chispeantes y una mirada amable. Había creado una verdadera obra de arte. Laura estaba emocionada y llena de expectativas mientras sostenía la Calabaza Mágica en sus manos.

Llegada la noche de Halloween, Laura colocó la calabaza tallada en su ventana y encendió una vela en su interior. Se quedó mirando la calabaza, preguntándose si realmente era mágica. A medida que la luz de la vela danzaba en su interior, la calabaza comenzó a brillar de una manera inusual.

Entonces, la calabaza comenzó a hablar. Su voz era suave y amigable, y dijo: "Laura, has encontrado la Calabaza Mágica, y hoy, en Halloween, te concederé un deseo. Pide lo que más anhelas, y se hará realidad".

Laura no podía creer lo que estaba viendo y escuchando. Ella tenía un deseo en mente, un deseo que había llevado en su corazón durante mucho tiempo. Respiró hondo y cerró los ojos. Cuando los abrió, hizo su deseo en voz alta.

"Quiero que mi abuelo, que falleció hace dos años, esté aquí con nosotros en Halloween. Lo extraño mucho, y me encantaría que pudiera celebrar esta noche especial con nosotros una vez más".

La Calabaza Mágica asintió y comenzó a brillar aún más intensamente. Luego, una luz dorada se extendió desde la calabaza y llenó la habitación. La luz tomó forma, y allí, en medio de la habitación, estaba el abuelo de Laura, sonriendo con cariño.

Laura corrió hacia él y lo abrazó con fuerza. Lágrimas de alegría llenaron sus ojos. Había extrañado tanto a su abuelo y deseaba que estuviera con ellos en una noche tan especial. El abuelo le susurró palabras de amor y felicidad.

Juntos, Laura y su abuelo se unieron a la celebración de Halloween en Villaventura. Laura le presentó a su familia y amigos y compartieron historias, risas y golosinas. La noche fue aún más mágica con la presencia del abuelo, y todos disfrutaron de su compañía.

Cuando la noche llegó a su fin y los últimos fuegos artificiales iluminaron el cielo, el abuelo se desvaneció lentamente, regresando a la luz dorada de la Calabaza Mágica. Laura lo abrazó con gratitud y lágrimas en los ojos. Sabía que había sido un regalo inolvidable y un deseo cumplido.

La Calabaza Mágica le sonrió una vez más antes de volver a su estado normal. Laura la miró con cariño y la agradeció por concederle el deseo más preciado. La calabaza le dijo: "El verdadero poder de Halloween no está en las brujas ni en los monstruos, sino en el amor, la familia y la magia que llevamos en nuestros corazones".

Laura nunca olvidó esa noche mágica de Halloween. La Calabaza Mágica se convirtió en un símbolo de esperanza y amor en su familia, y todos los años la colocaron en su ventana para recordar la importancia de valorar los momentos especiales y los lazos familiares.

La historia de Laura y la Calabaza Mágica se convirtió en una leyenda en Villaventura, y cada Halloween, los niños salían a buscar su propia Calabaza Mágica, sabiendo que la verdadera magia de esta noche reside en los deseos que llevamos en nuestros corazones y en la bondad que compartimos con los demás.

The Mystery of the Pumpkin Night

There was a small town called Adventureville, nestled at the foot of a great hill. Autumn had arrived, and with it came Halloween, the most magical and mysterious night of the year. Adventureville always celebrated Halloween in a special way, with costume parades, bonfires, and, of course, the illuminated pumpkins that adorned every corner of the town.

In the heart of the town lived a girl named Laura. Laura loved Halloween and was excited by the idea of carving pumpkins with her family. The family tradition was to carve the most amazing and creative pumpkin they could imagine. But this year would be different because Laura had decided she wanted to find a magical pumpkin.

According to the legend of Adventureville, deep in the forest that surrounded the town, there existed a Magical Pumpkin that, when carved on Halloween night, granted wishes. It was said to appear only once every hundred years, and the last time someone had seen it had been a long time ago.

Laura, with a flashlight in hand and determined to find the Magical Pumpkin, ventured into the forest on the evening of Halloween. She knew it was a daunting task, but she couldn't resist the temptation to try. She walked through the dense forest, dodging branches and fallen leaves.

As she ventured deeper, the darkness of the forest became denser, and the sounds of the night began to fill the air: the hooting of an owl, the rustling of leaves, and the whispering of the wind. Laura remained focused on her mission, her heart beating with excitement and a little anxiety.

After a while of fruitless searching, Laura felt discouraged and sat on a rock to rest. She looked up at the starry sky and sighed. At that moment, she noticed something shiny in the distance. She got up excitedly and followed the glimmer until she came across a small golden pumpkin that seemed to light up the night.

Laura knew she had found something special. She took the golden pumpkin and decided to take it back to her home to carve it. She was sure this was the Magical Pumpkin she had been looking for.

Back at her home, Laura began to carve the golden pumpkin with great care. As she worked, she noticed that the flesh of the pumpkin seemed to glow in an unusual way. As she progressed with her carving, the pumpkin took on surprising shapes and details.

When she finally finished, she found a masterpiece carved in the shape of a smiling face, with sparkling eyes and a kind gaze. She had created a true work of art. Laura was excited and full of expectations as she held the Magical Pumpkin in her hands.

On Halloween night, Laura placed the carved pumpkin in her window and lit a candle inside. She stared at the pumpkin, wondering if it was really magical. As the candlelight danced inside, the pumpkin began to glow in an unusual way.

Then, the pumpkin started to speak. Its voice was soft and friendly, and it said, "Laura, you have found the Magical Pumpkin, and today, on Halloween, I will grant you one wish. Ask for what you desire the most, and it will come true."

Laura couldn't believe what she was seeing and hearing. She had a wish in mind, a wish she had carried in her heart for a long time. She took a deep breath and closed her eyes. When she opened them, she made her wish aloud.

"I want my grandfather, who passed away two years ago, to be here with us on Halloween. I miss him so much, and I would love for him to be able to celebrate this special night with us once more."

The Magical Pumpkin nodded and began to glow even more brightly. Then, a golden light spread from the pumpkin and filled the room. The light took form, and there, in the middle of the room, was Laura's grandfather, smiling with affection.

Laura ran to him and hugged him tightly. Tears of joy filled her eyes. She had missed her grandfather so much and wished he could be with them on such a special night. Her grandfather whispered words of love and happiness to her.

Together, Laura and her grandfather joined in the Halloween celebration in Adventureville. Laura introduced him to her family and friends, and they shared stories, laughter, and treats. The night was even more magical with her grandfather's presence, and everyone enjoyed his company.

When the night came to an end, and the last fireworks lit up the sky, Laura's grandfather slowly faded away, returning to the golden light of the Magical Pumpkin. Laura hugged him with gratitude and tears in her eyes. She knew it had been an unforgettable gift and a wish fulfilled.

The Magical Pumpkin smiled at her once more before returning to its normal state. Laura looked at it with affection and thanked it for granting her the most cherished wish. The pumpkin said, "The true power of Halloween is not in witches or monsters but in love, family, and the magic we carry in our hearts."

Laura never forgot that magical Halloween night. The Magical Pumpkin became a symbol of hope and love in her family, and every year they placed it in their window to remind them of the importance of cherishing special moments and family bonds.

The story of Laura and the Magical Pumpkin became a legend in Adventureville, and every Halloween, children set out to find their own Magical Pumpkin, knowing that the real magic of this night lies in the wishes we carry in our hearts and the kindness we share with others.

El Enigma de la Noche de las Linternas

El pueblo de Lucería se encontraba en las profundidades del bosque, rodeado de árboles altos y misteriosos. Cada año, cuando el otoño llegaba, la gente del pueblo se preparaba para la noche de Halloween, una celebración que llenaba de emoción a todos. Sin embargo, en Lucería, Halloween era especial por una razón única: la Noche de las Linternas.

La Noche de las Linternas se celebraba el 31 de octubre, justo antes de la medianoche. En esta noche, los habitantes del pueblo encendían miles de linternas mágicas que iluminaban el bosque y creaban un espectáculo de luces que se podía ver a kilómetros de distancia. La tradición de las linternas se remontaba a siglos atrás y se decía que traía buena suerte y alejaba a los espíritus malignos.

En el corazón de Lucería vivía una niña llamada Elena. Elena tenía diez años y estaba emocionada por su primera Noche de las Linternas como una lugareña. Su abuela, María, era la responsable de enseñarle la tradición y el arte de crear linternas mágicas.

Las linternas mágicas de Lucería eran únicas. Estaban hechas de cristal de cuarzo, y cada una de ellas se tallaba a mano con un diseño especial que simbolizaba los deseos y sueños de la persona que la hacía. La abuela María le dijo a Elena que su lámpara reflejaría lo que más deseaba en el mundo.

Elena estaba emocionada por la idea de crear su propia linterna, pero no sabía qué deseo plasmar en ella. Mientras hablaba con su abuela sobre ello, María le dijo: "Elena, lo más importante es que tu deseo venga de lo más profundo de tu corazón. No te preocupes por el diseño en este momento; solo reflexiona sobre lo que realmente deseas".

La abuela María le contó a Elena sobre la antigua historia de Lucería. Hace siglos, en una noche de Halloween, un hombre llamado Samuel había tallado una linterna con el deseo de encontrar a su hija perdida. Cuando encendió la linterna, la luz reveló el camino hacia su hija y la trajo de vuelta sana y salva.

Elena se sintió inspirada por la historia y decidió que su deseo sería el de siempre tener a su familia unida y feliz. Aunque ya lo tenía, sabía que era un deseo valioso que deseaba mantener. Decidió que su linterna reflejaría este sentimiento.

Los días previos a la Noche de las Linternas, Elena trabajó incansablemente junto a su abuela María en la creación de su linterna mágica. Seleccionaron un cristal de cuarzo y comenzaron a tallarlo con un diseño que representaba a su familia, su casa y un corazón brillante en el centro.

A medida que avanzaban en la talla, Elena sentía una conexión especial con la linterna. Parecía como si su amor y deseo por su familia estuvieran impregnados en cada detalle del cristal. Cuando finalmente terminaron, la linterna brillaba con un resplandor cálido y especial.

Llegó la noche de la Noche de las Linternas, y el pueblo de Lucería se preparó para la celebración. Las calles estaban decoradas con guirnaldas y las linternas ya estaban encendidas, colgando de árboles y faroles por todas partes. Elena llevaba su linterna con orgullo, sabiendo que era un símbolo de su amor por su familia.

Cuando el reloj marcó la medianoche, todos los habitantes de Lucería se reunieron en el centro del pueblo, formando un círculo alrededor de un gran árbol. Elena y su abuela María se unieron al círculo, sosteniendo sus linternas. Había una sensación de emoción en el aire mientras todos esperaban el momento de encender sus linternas.

María alzó su linterna al cielo y dijo en voz alta: "Que estas linternas iluminen nuestros deseos y alejen la oscuridad de nuestras vidas". Entonces, encendió su linterna con una vela, y una luz dorada llenó el aire. Todos los demás siguieron su ejemplo, encendiendo sus linternas una a una.

Las linternas mágicas iluminaron el bosque y crearon un espectáculo de luces deslumbrante. Era un momento mágico que llenó de alegría y asombro a todos los presentes. Elena miró su linterna y sintió una calidez especial en su interior.

Cuando miró alrededor, vio que las linternas reflejaban los deseos de todos los habitantes de Lucería. Algunos deseaban salud, otros felicidad, y algunos, como Elena, deseaban que sus seres queridos estuvieran siempre juntos y felices. Las linternas se alzaron al cielo como un faro de esperanza y amor.

Mientras Elena miraba su linterna, notó algo asombroso. El diseño que había tallado comenzó a cobrar vida y moverse. Vio cómo la figura de su familia sonreía y se abrazaba en el cristal de la linterna. Era como si su deseo se hubiera convertido en una escena viva.

Cuando la ceremonia de las linternas llegó a su fin, todos regresaron a sus hogares con el corazón lleno de esperanza y amor. Elena sabía que su linterna había capturado su deseo de tener a su familia unida y feliz, y sabía que este sentimiento especial siempre estaría con ella.

Los años pasaron, y Elena siguió participando en la Noche de las Linternas de Lucería. Cada año, cuando encendía su linterna, veía el diseño de su familia cobrar vida y sonreírle desde el cristal. Sabía que su deseo se había hecho realidad y que su familia era el tesoro más grande que tenía.

La tradición de las linternas mágicas de Lucería continuó, y la historia de la niña que deseaba tener a su familia unida y feliz se convirtió en una leyenda que se transmitía de generación en generación. Las linternas seguían iluminando los deseos de los habitantes del pueblo, recordándoles la importancia del amor y la unión familiar en la Noche de las Linternas.

The Enigma of the Lantern Night

The town of Luminary was nestled deep within the forest, surrounded by tall and mysterious trees. Every year, when autumn arrived, the townsfolk prepared for Halloween night, a celebration that filled everyone with excitement. However, in Luminary, Halloween was special for a unique reason: the Lantern Night.

The Lantern Night was celebrated on October 31st, just before midnight. On this night, the townspeople would light thousands of magical lanterns that illuminated the forest and created a spectacle of lights visible for miles. The tradition of the lanterns dated back centuries, and it was believed to bring good luck and ward off evil spirits.

In the heart of Luminary lived a ten-year-old girl named Elena. Elena was thrilled for her first Lantern Night as a local. Her grandmother, Maria, was responsible for teaching her the tradition and the art of creating magical lanterns.

The magical lanterns of Luminary were unique. They were crafted from quartz crystal, and each one was hand-carved with a special design that symbolized the wishes and dreams of the person making it. Grandmother Maria told Elena that her lantern would reflect what she most desired in the world.

Elena was excited about the idea of creating her own lantern but didn't know what wish to engrave on it. While talking to her grandmother about it, Maria said, "Elena, the most important thing is that your wish comes from the depths of your heart. Don't worry about the design at this moment; just reflect on what you truly desire."

Grandmother Maria told Elena about the ancient story of Luminary. Centuries ago, on a Halloween night, a man named Samuel had carved a lantern with the wish to find his lost daughter. When he lit the lantern, the light revealed the way to his daughter, and it brought her back safe and sound.

Elena felt inspired by the story and decided that her wish would be to always have her family united and happy. Even though she already had it, she knew it was a precious wish she wanted to keep. She decided that her lantern would reflect this sentiment.

In the days leading up to the Lantern Night, Elena worked tirelessly alongside her grandmother Maria in crafting her magical lantern. They selected a quartz crystal and began carving it with a design representing her family, their home, and a bright heart in the center.

As they progressed with the carving, Elena felt a special connection to the lantern. It was as if her love and desire for her family were imprinted in every detail of the crystal. When they finally finished, the lantern glowed with a warm and special radiance.

The night of the Lantern Night arrived, and the town of Luminary prepared for the celebration. The streets were adorned with garlands, and the lanterns were already lit, hanging from trees and lampposts everywhere. Elena proudly carried her lantern, knowing it was a symbol of her love for her family.

When the clock struck midnight, all the residents of Luminary gathered in the town square, forming a circle around a large tree. Elena and her grandmother Maria joined the circle, holding their lanterns. There was a sense of excitement in the air as everyone waited for the moment to light their lanterns.

Maria held her lantern up to the sky and said aloud, "May these lanterns light up our wishes and chase away the darkness from our lives." Then, she lit her lantern with a candle, and a golden light filled the air. Everyone else followed suit, lighting their lanterns one by one.

The magical lanterns illuminated the forest and created a dazzling light show. It was a magical moment that filled everyone with joy and wonder. Elena gazed at her lantern and felt a special warmth inside.

As she looked around, she noticed something amazing. The design she had carved started to come to life and move. She saw the figures of her family smiling and hugging in the crystal of the lantern. It was as if her wish had turned into a living scene.

When the lantern ceremony came to an end, everyone returned to their homes with their hearts filled with hope and love. Elena knew that her lantern had captured her wish to have her family always united and happy, and she knew this special feeling would always be with her.

The years passed, and Elena continued to take part in Luminary's Lantern Night. Every year, when she lit her lantern, she saw the design of her family come to life and smile at her from within the crystal. She knew her wish had come true, and her family was the greatest treasure she had.

The tradition of Luminary's magical lanterns continued, and the story of the girl who wished to have her family united and happy became a legend passed down from generation to generation. The lanterns continued to light up the wishes of the townspeople, reminding them of the importance of love and family unity on the Lantern Night.

El Secreto del Bosque Encantado

En un pequeño pueblo llamado Castelbosque, anidado en el corazón de un denso bosque, la llegada del otoño traía consigo el esperado Halloween. Los niños del pueblo esperaban esta festividad con ansias, ya que Castelbosque tenía una tradición única que hacía de esta noche la más mágica del año.

La tradición se llamaba "La Búsqueda del Orbe Místico". Según la leyenda del pueblo, existía un orbe místico escondido en el bosque que, cuando se encontraba en Halloween, otorgaba a quien lo encontrara un deseo que se cumpliría al alba del día siguiente. Pero encontrar el orbe no era tarea fácil; requería coraje y sabiduría, ya que estaba protegido por enigmas y desafíos mágicos.

En el corazón del pueblo vivía una niña llamada Sofia. Ella tenía una curiosidad insaciable y siempre estaba en busca de aventuras. Desde pequeña había escuchado historias sobre el Orbe Místico y soñaba con encontrarlo para hacer el deseo más especial de su vida.

El día de Halloween se acercaba, y Sofia estaba llena de emoción. Había preparado su disfraz de exploradora con una mochila llena de herramientas, y una linterna para adentrarse en el oscuro bosque en busca del Orbe Místico. Sus amigos, Leo y Carla, se unieron a la búsqueda y también se habían disfrazado de exploradores.

Cuando la noche de Halloween llegó, los tres amigos se adentraron en el bosque con sus linternas en mano. La luna brillaba en el cielo estrellado, y los árboles parecían susurrar secretos mientras el viento soplaba entre sus hojas.

Sofía llevaba consigo un mapa antiguo que su abuela le había dado. Según la leyenda, el mapa señalaba el camino hacia el Orbe Místico. A medida que avanzaban, encontraron el primer desafío: un puente de piedra con una inscripción enigmática que decía: "Aquel que desee encontrar el orbe, debe cruzar este puente sin mirar atrás".

El puente tenía un aspecto antiguo y oscuro, pero los tres amigos se miraron y decidieron cruzarlo juntos, sin mirar atrás. Al llegar al otro lado, escucharon un suave susurro y el ruido de algo que caía al agua, pero no se atrevieron a mirar atrás y continuaron.

Siguiendo las indicaciones del mapa, llegaron a un claro en el bosque donde encontraron un gran reloj de arena. El reloj estaba lleno de arena dorada y tenía una placa que decía: "Quien quiera alcanzar el Orbe Místico, debe voltear el tiempo en su contra". Sofía, Leo y Carla sabían que debían darle la vuelta al reloj de arena.

Cuando dieron la vuelta al reloj, el tiempo comenzó a correr hacia atrás, y el claro del bosque se llenó de una luz dorada que iluminó el camino hacia adelante. Avanzaron por el sendero dorado y se encontraron con el siguiente desafío: un espejo mágico que reflejaba sus deseos más profundos.

Sofía, mirando el espejo, vio un reflejo de sí misma encontrando el Orbe Místico y deseando que su abuela, que había partido hacía un año, volviera a estar con ella. Leo vio a su familia viviendo en una casa llena de risas y amor, mientras Carla vio a su hermano pequeño recuperando la salud y sonriendo nuevamente.

El espejo emitió un destello y les habló en voz baja: "Los deseos más profundos son los más valiosos. Siguiendo el sendero de la comprensión, encontrarán el Orbe Místico". Los amigos se miraron y comprendieron que debían buscar en su interior para desvelar los secretos del bosque.

Continuaron su camino, resolviendo acertijos y enfrentando desafíos mágicos a medida que avanzaban. Cruzaron ríos encantados, atravesaron puentes de arco iris y escalaron montañas de nubes. Cada desafío los llevaba un paso más cerca del Orbe Místico, y cada respuesta correcta desvelaba una parte del camino.

Finalmente, llegaron a una pequeña gruta en la base de una cascada. Dentro de la gruta, encontraron una esfera de cristal resplandeciente: el Orbe Místico. Estaba rodeado de destellos dorados y emanaba una luz cálida y acogedora.

Sofia, Leo y Carla se acercaron al Orbe Místico y compartieron su deseo más profundo en voz baja, uno a la vez. Sofia deseó que su abuela volviera a estar con ella y a ser feliz. Leo deseó que su familia siempre estuviera unida y llena de amor. Carla deseó que su hermano pequeño recuperara su salud y sonriera de nuevo.

Cuando terminaron de hacer sus deseos, el Orbe Místico comenzó a girar y a elevarse en el aire. Brilló con una luz deslumbrante y luego se dividió en tres esferas más pequeñas, una para cada uno de ellos. Las tres esferas brillaban con colores diferentes: dorado, plateado y azul.

El Orbe Místico les habló en un susurro: "Sus deseos son sinceros y valiosos. Ahora, estas esferas mágicas contienen sus deseos. Guárdelas con cuidado y, al alba, sus deseos se cumplirán". Las esferas se desvanecieron en el aire y se convirtieron en amuletos que los amigos llevarían consigo hasta la mañana.

Con los corazones llenos de emoción y anticipación, Sofia, Leo y Carla regresaron al pueblo. Durante toda la noche, compartieron historias sobre sus aventuras en el bosque y la emocionante búsqueda del Orbe Místico. Estaban ansiosos por ver qué sucedería al amanecer.

Cuando el sol comenzó a despuntar en el horizonte, los tres amigos se reunieron en el claro del bosque donde habían encontrado el reloj de arena. Cada uno sostenía su esfera mágica, y sus ojos brillaban con la esperanza de que sus deseos se hicieran realidad.

A medida que el sol se alzaba en el cielo, las esferas comenzaron a brillar con una luz resplandeciente. Los deseos de Sofia, Leo y Carla se hicieron realidad en ese momento. Sofia recibió una carta de su abuela, quien regresó a la vida y se reunió con ella. La familia de Leo vivió en una casa llena de risas y amor, y el hermano pequeño de Carla recuperó su salud y volvió a sonreír.

Los amigos se abrazaron y lloraron de alegría al ver que sus deseos se habían cumplido. El Orbe Místico había sido generoso y les había concedido lo que más deseaban en el mundo. La magia del bosque y la sabiduría de sus corazones habían hecho posible este milagro.

La noticia de los deseos cumplidos se extendió por todo el pueblo, y Castelbosque se llenó de asombro y gratitud. La tradición de "La Búsqueda del Orbe Místico" se convirtió en un recordatorio de que los deseos sinceros y valiosos pueden hacerse realidad si se buscan con coraje y sabiduría.

Desde ese Halloween en adelante, Sofia, Leo y Carla guardaron sus esferas mágicas como tesoros, recordando la noche en que encontraron el Orbe Místico y descubrieron el secreto del bosque encantado. Cada vez que miraban sus esferas, recordaban que los deseos más profundos del corazón pueden cumplirse y que la magia siempre estaba presente en Castelbosque.

The Secret of the Enchanted Forest

In a small village called Castelwood, nestled deep within a dense forest, the arrival of autumn brought with it the eagerly awaited Halloween. The children of the village looked forward to this holiday with excitement, for Castelwood had a unique tradition that made this night the most magical of the year.

The tradition was known as "The Quest for the Mystic Orb." According to the town's legend, there was a mystic orb hidden in the forest that, when found on Halloween, granted the finder a wish that would come true by dawn the next day. But finding the orb was no easy task; it required courage and wisdom, as it was protected by enigmas and magical challenges.

In the heart of the village lived a girl named Sofia. She had an insatiable curiosity and was always in search of adventure. From a young age, she had heard stories about the Mystic Orb and dreamed of finding it to make the most special wish of her life.

Halloween was approaching, and Sofia was filled with excitement. She had prepared her explorer costume with a backpack full of tools and a lantern to venture into the dark forest in search of the Mystic Orb. Her friends, Leo and Carla, joined the quest and had also dressed as explorers.

When Halloween night arrived, the three friends ventured into the forest with their lanterns in hand. The moon shone in the starry sky, and the trees seemed to whisper secrets as the wind rustled through their leaves.

Sofia carried an ancient map that her grandmother had given her. According to legend, the map pointed the way to the Mystic Orb. As they progressed, they encountered the first challenge: a stone bridge with an enigmatic inscription that read, "He who wishes to find the orb must cross this bridge without looking back."

The bridge had an ancient and eerie look, but the three friends glanced at each other and decided to cross it together without looking back. Upon reaching the other side, they heard a soft whisper and the sound of something falling into the water, but they dared not look back and continued on.

Following the map's directions, they reached a clearing in the forest where they found a large hourglass. The hourglass was filled with golden sand and had a plaque that read, "Whoever wishes to reach the Mystic Orb must turn time against itself." Sofia, Leo, and Carla knew they had to turn the hourglass.

When they turned the hourglass, time began to run backward, and the forest clearing was bathed in a golden light that illuminated the path ahead. They continued along the golden path and encountered the next challenge: a magic mirror that reflected their deepest wishes.

Sofia, looking into the mirror, saw a reflection of herself finding the Mystic Orb and wishing for her grandmother, who had passed away a year ago, to return and be happy. Leo saw his family living in a house filled with laughter and love, while Carla saw her little brother regaining his health and smiling once more.

The mirror emitted a glimmer and spoke to them in a soft voice, "Deepest wishes are the most precious. By following the path of understanding, you will find the Mystic Orb." The friends exchanged glances and understood that they needed to search within themselves to uncover the secrets of the forest.

They continued on their path, solving riddles and facing magical challenges as they progressed. They crossed enchanted rivers, walked across rainbow bridges, and climbed mountains of clouds. Each challenge brought them one step closer to the Mystic Orb, and each correct answer revealed a part of the way.

Finally, they reached a small cave at the base of a waterfall. Inside the cave, they found a glowing crystal sphere: the Mystic Orb. It was surrounded by golden sparks and emanated a warm and welcoming light.

Sofia, Leo, and Carla approached the Mystic Orb and quietly shared their deepest wishes, one at a time. Sofia wished for her grandmother to return and be happy. Leo wished for his family to always be united and filled with love. Carla wished for her little brother to regain his health and smile again.

When they finished making their wishes, the Mystic Orb began to spin and rise into the air. It shone with a dazzling light and then divided into three smaller orbs, one for each of them. The three orbs glowed with different colors: gold, silver, and blue.

The Mystic Orb spoke to them in a whisper, "Your wishes are sincere and precious. Now, these magical orbs hold your wishes. Guard them carefully, and by dawn, your wishes will come true." The orbs dissolved into the air and became amulets that the friends would carry with them until morning.

With hearts full of excitement and anticipation, Sofia, Leo, and Carla returned to the village. Throughout the night, they shared stories of their adventures in the forest and the thrilling quest for the Mystic Orb. They were eager to see what would happen at sunrise.

As the sun began to rise on the horizon, the three friends gathered in the forest clearing where they had found the hourglass. Each held their magical orb, and their eyes shone with hope that their wishes would come true.

As the sun rose in the sky, the orbs began to glow with a radiant light. The wishes of Sofia, Leo, and Carla came true at that moment. Sofia received a letter from her grandmother, who had returned to life and was reunited with her. Leo's family lived in a house filled with laughter and love, and Carla's little brother regained his health and smiled again.

The friends embraced and cried tears of joy as they saw their wishes come true. The Mystic Orb had been generous and granted them what they most desired in the world. The magic of the forest and the wisdom of their hearts had made this miracle possible.

The news of the fulfilled wishes spread throughout the village, and Castelwood was filled with wonder and gratitude. The tradition of "The Quest for the Mystic Orb" became a reminder that sincere and valuable wishes can come true if sought with courage and wisdom.

From that Halloween onward, Sofia, Leo, and Carla cherished their magical orbs as treasures, remembering the night they found the Mystic Orb and discovered the secret of the enchanted forest. Whenever they looked at their orbs, they remembered that the deepest wishes of the heart can come true and that magic was always present in Castelwood.

La Noche de los Dulces Encantados

En un pequeño pueblo llamado Dulcevania, el otoño era una época de alegría y expectación, ya que se acercaba la noche de Halloween. Dulcevania era conocida por tener la tradición más deliciosa y mágica de todas: la Noche de los Dulces Encantados.

La Noche de los Dulces Encantados ocurría una vez al año, la noche de Halloween. Durante esta noche, los niños y niñas se vestían de sus disfraces más elaborados y visitaban las casas de sus vecinos para pedir dulces. Sin embargo, en Dulcevania, los dulces no eran ordinarios. Eran dulces mágicos que se convertían en lo que más desearas.

En el corazón de Dulcevania vivía una niña llamada Lucía. Lucía tenía nueve años y estaba emocionada por su primera Noche de los Dulces Encantados como una lugareña. Había escuchado historias sobre cómo los dulces podían convertirse en cualquier cosa que quisieras, y tenía un deseo muy especial en mente.

El deseo de Lucía era tener un amigo para siempre. Aunque tenía a su familia y otros niños en el pueblo, soñaba con tener un amigo que estuviera a su lado en todas las aventuras, alguien con quien compartir risas y secretos.

En la víspera de Halloween, Lucía ayudó a su madre a preparar su disfraz de hada y a decorar la casa con calabazas y luces parpadeantes. Luego, mientras miraba la luna llena en el cielo, susurro su deseo al viento: "Deseo tener un amigo que nunca me deje sola".

La Noche de los Dulces Encantados finalmente llegó. Lucía se puso su disfraz de hada y salió con su cesta de caramelos vacía. Mientras caminaba por las calles del pueblo, veía las casas decoradas con luces parpadeantes y escuchaba risas y risitas de los niños que iban de puerta en puerta.

Lucía llegó a la casa de la señora Rosa, una anciana amable y famosa en Dulcevania por sus dulces encantados. La señora Rosa la saludó con una sonrisa y le ofreció un caramelo especial.

"Este caramelo", le dijo la señora Rosa, "se convertirá en lo que más desees, pero debes desearlo con todo tu corazón".

Lucía agradeció a la señora Rosa y miró el caramelo. Sabía exactamente lo que quería. Cerró los ojos y deseó con todas sus fuerzas tener un amigo para siempre. Cuando abrió los ojos, el caramelo se había transformado en un pequeño libro con una portada brillante que decía: "El Libro de la Amistad Eterna".

La señora Rosa le sonrió y dijo: "Este libro te guiará hacia tu nuevo amigo. Solo tienes que seguir las instrucciones que encontrarás en su interior".

Lucía emocionada abrió el libro y leyó las instrucciones. Decían que debía caminar hasta el bosque encantado y seguir una serie de pistas que la llevarían a su amigo. Sin dudarlo, Lucía se adentró en el bosque.

El bosque encantado era un lugar misterioso y lleno de luces parpadeantes. Lucía siguió las pistas que el libro le daba: caminó hacia el arco iris, cruzó un puente de cristal, y finalmente llegó a una pequeña cascada que caía en una poza de aguas brillantes.

Allí, en el centro de la poza, había un lirio dorado. El libro le indicó a Lucía que debía recoger el lirio dorado y hacer un deseo. Lucía deseó nuevamente tener un amigo para siempre y tomó el lirio dorado.

Tan pronto como lo hizo, el lirio dorado comenzó a brillar intensamente y emitió un cálido resplandor que iluminó la poza. De repente, el agua se removió y de ella emergió una figura mágica.

Era un pequeño duendecillo con ojos brillantes y un sombrero puntiagudo. El duendecillo sonrió y dijo: "¡Hola! Soy Dizzy, tu amigo para siempre".

Lucía estaba emocionada y sorprendida. Había hecho un amigo mágico en la Noche de los Dulces Encantados. Dizzy le explicó que había estado atrapado en el lirio dorado y que su deseo lo había liberado.

Juntos, Lucía y Dizzy emprendieron una noche de aventuras por el bosque encantado. Bailaron bajo las luces parpadeantes, exploraron cuevas misteriosas y contaron historias junto a una hoguera. Lucía se dio cuenta de que había encontrado el amigo que siempre había deseado.

Mientras el sol comenzaba a asomar en el horizonte, Lucía y Dizzy se sentaron junto a la cascada. Lucía deseó que su noche con Dizzy nunca terminara, pero sabía que la Noche de los Dulces Encantados tenía que llegar a su fin.

Dizzy le dio un pequeño frasco lleno de polvo de hadas y le dijo: "Con este polvo, siempre podrás encontrarme cuando lo desees. Solo esparce un poco y haré una aparición mágica".

Lucía agradeció a su amigo y regresó al pueblo con el corazón lleno de alegría. Sabía que, aunque la Noche de los Dulces Encantados hubiera terminado, tenía a Dizzy como su amigo para siempre.

A medida que creció, Lucía siguió visitando a la señora Rosa en Halloween y recogiendo dulces encantados que se convertían en todo tipo de cosas. Sin embargo, su amistad con Dizzy siguió siendo la más especial de todas.

La Noche de los Dulces Encantados se convirtió en una tradición que se transmitió de generación en generación en Dulcevania. Los niños y niñas continuaron haciendo sus deseos más profundos y disfrutando de los dulces mágicos que la noche ofrecía. Y aunque los años pasaban, la amistad de Lucía y Dizzy nunca se desvanecía, recordándoles a todos que los amigos verdaderos son un tesoro mágico que dura para siempre.

The Night of Enchanted Sweets

In a small village called Sweetville, autumn was a time of joy and anticipation as Halloween approached. Sweetville was known for having the most delicious and magical tradition of all: the Night of Enchanted Sweets.

The Night of Enchanted Sweets occurred once a year, on Halloween night. During this night, children dressed in their most elaborate costumes and visited their neighbors' houses to ask for candies. However, in Sweetville, the candies were not ordinary. They were magical candies that turned into whatever you wished for.

In the heart of Sweetville lived a girl named Lucia. Lucia was nine years old and was excited for her first Night of Enchanted Sweets as a local. She had heard stories about how candies could turn into anything you desired, and she had a very special wish in mind.

Lucia's wish was to have a friend forever. Although she had her family and other children in the village, she dreamed of having a friend who would be by her side in all her adventures, someone to share laughter and secrets with.

On the eve of Halloween, Lucia helped her mother prepare her fairy costume and decorate the house with pumpkins and twinkling lights. Then, as she gazed at the full moon in the sky, she whispered her wish to the wind: "I wish to have a friend who will never leave me alone."

The Night of Enchanted Sweets finally arrived. Lucia put on her fairy costume and set out with her empty candy basket. As she walked through the village streets, she saw houses decorated with twinkling lights and heard the laughter and giggles of children going from door to door.

Lucia arrived at the house of Mrs. Rosa, a kind elderly woman famous in Sweetville for her enchanted sweets. Mrs. Rosa greeted her with a smile and offered her a special candy.

"This candy," Mrs. Rosa said, "will turn into whatever you wish for, but you must wish for it with all your heart."

Lucia thanked Mrs. Rosa and looked at the candy. She knew exactly what she wanted. She closed her eyes and wished with all her might for a friend forever. When she opened her eyes, the candy had transformed into a small, shiny book with a bright cover that read, "The Book of Eternal Friendship."

Mrs. Rosa smiled and said, "This book will guide you to your new friend. You only have to follow the instructions you will find inside."

Excited, Lucia opened the book and read the instructions. They told her to walk to the enchanted forest and follow a series of clues that would lead her to her friend. Without hesitation, Lucia ventured into the forest.

The enchanted forest was a mysterious place filled with twinkling lights. Lucia followed the clues in the book: she walked towards the rainbow, crossed a crystal bridge, and finally reached a small waterfall that fell into a pool of sparkling waters.

In the center of the pool, there was a golden lily. The book instructed Lucia to pick the golden lily and make a wish. Lucia wished once again to have a friend forever and took the golden lily.

As soon as she did, the golden lily began to shine brightly and emitted a warm glow that illuminated the pool. Suddenly, the water stirred, and from it emerged a magical figure.

It was a little sprite with bright eyes and a pointed hat. The sprite smiled and said, "Hello! I am Dizzy, your friend forever."

Lucia was excited and amazed. She had made a magical friend on the Night of Enchanted Sweets. Dizzy explained that he had been trapped in the golden lily, and her wish had set him free.

Together, Lucia and Dizzy embarked on a night of adventures in the enchanted forest. They danced under the twinkling lights, explored mysterious caves, and told stories by a campfire. Lucia realized that she had found the friend she had always wished for.

As the sun began to rise on the horizon, Lucia and Dizzy sat by the waterfall. Lucia wished that her night with Dizzy would never end, but she knew that the Night of Enchanted Sweets had to come to an end.

Dizzy gave her a small jar filled with fairy dust and said, "With this dust, you can always find me whenever you wish. Just sprinkle a little, and I'll make a magical appearance."

Lucia thanked her friend and returned to the village with a heart full of joy. She knew that, even though the Night of Enchanted Sweets had ended, she had Dizzy as her friend forever.

As she grew up, Lucia continued to visit Mrs. Rosa on Halloween and collect enchanted sweets that turned into all sorts of things. However, her friendship with Dizzy remained the most special of all.

The Night of Enchanted Sweets became a tradition passed down from generation to generation in Sweetville. Children continued to make their deepest wishes and enjoy the magical sweets that the night offered. And though the years passed, Lucia's friendship with Dizzy never faded, reminding everyone that true friends are a magical treasure that lasts forever.